Sandrine Houdré-Grégoire - Régis Celabe
Fotografie: Fabrice Besse

SPRITZ

25 REZEPTE

FÜR ERFRISCHEND SPRITZIGEN COCKTAIL-GENUSS

HEEL

Inhalt

Spritz

Italienisch
KLASSISCH

Italienisch
SOFT

VORWORT

Obwohl er in Italien erfunden wurde, verdanken wir den *Spritz* tatsächlich den Österreichern. Während der Zugehörigkeit Venetiens zu Österreich mischten sie den zu stark befundenen Wein mit Mineralwasser und nannten den neu geschaffenen Cocktail „Gespritzter". Ein Name, mit dem bis heute eine Weinschorle bezeichnet wird.

Ein Originalrezept für den beliebten Spritz ist nicht überliefert! Ursprünglich besteht er allerdings aus Weißwein, Bitter und Sodawasser. Seine Varianten sind ungezählt, doch gehören seine orange-rote Farbe und die halbe Orangenscheibe zu seinen Markenzeichen. Entdecken Sie auf den nächsten Seiten eine kleine Auswahl klassischer und moderner Rezepte und einige Aromen aus Bella Italia.

ZUBEREITUNG: 2 MIN.

SPRITZ
Dolce

FÜR 1 GLAS

---

12 cl Prosecco
6 cl Aperol
3 cl Sodawasser (z. B. Perrier®)
½ Orangenscheibe

Geben Sie den Prosecco und den Aperol in ein mit Eis gefülltes Weinglas. Fügen Sie dann das Sodawasser und die Orangenscheibe hinzu.

SPRITZ
Bitter

FÜR 1 GLAS

½ Orangenscheibe
12 cl Prosecco
6 cl Campari
3 cl Sodawasser (z. B. Perrier®)
1 Spritzer Cocktailbitter (z. B. Peychaud's Bitters)

Geben Sie die Orangenscheibe in ein mit Eis gefülltes Weinglas. Fügen Sie dann den Prosecco, den Campari, das Sodawasser und den Bitter hinzu.

ROSIE
Spritz

FÜR 1 GLAS

10 cl italienischer Roséwein mit einer Infusion aus
Rosenknospen
3 cl frischer Grapefruitsaft
10 cl Prosecco
4 cl Zitronenlimonade
Einige Grapefruitzesten zur Dekoration

Mischen Sie den Roséwein, den Grapefruitsaft, den Prosecco
und die Limonade in einem mit Eis gefüllten Weinglas. Fügen
Sie dann zur Dekoration die Grapefruitzesten hinzu.

Tipp: Zur Herstellung der Rosenknospen-Infusion geben Sie
15–20 Rosenknospen in 1 Flasche Roséwein und lassen sie
etwa 24 Stunden an einem kühlen Ort ziehen.

ZUBEREITUNG: 2 MIN.

DIRTY Spritz

FÜR 1 GLAS

10 cl Prosecco
6 cl Noilly Prat
2 cl grüner Olivensaft
3 cl Sodawasser (z. B. Perrier®)
3 grüne Oliven zur Dekoration

Geben Sie den Prosecco, den Noilly Prat und den Olivensaft in ein mit Eis gefülltes Weinglas. Fügen Sie das Sodawasser hinzu und dekorieren Sie das Ganze mit einem Olivenspieß.

ZUBEREITUNG: 2 MIN.

CLASSIC Spritz

FÜR 1 GLAS

½ Orangenscheibe
12 cl Weißwein (Chardonnay)
6 cl Aperol
3 cl Sodawasser (z. B. Perrier®)

Geben Sie die Orangenscheibe in ein mit Eis gefülltes Weinglas. Fügen Sie dann den Weißwein, den Aperol und das Sodawasser hinzu.

BLOODY Spritz

FÜR 1 GLAS

½ Orangenscheibe
8 cl Blutorangensaft
6 cl Campari
6 cl Prosecco

Geben Sie die Orangenscheibe in ein mit Eis gefülltes Weinglas. Fügen Sie dann den Blutorangensaft, den Campari und den Prosecco hinzu.

ZUBEREITUNG: 5 MIN.

MOJITO Spritz

FÜR 1 GLAS

½ Limette
1 EL Rohrohrzucker
8 Blätter Minze
6 cl Triple Sec (z. B. Cointreau®)
12 cl Prosecco
3 cl Sodawasser (z. B. Perrier®)
1 Spritzer Angosturabitter

Geben Sie die in halbe Achtel geschnittene Limette, den braunen Zucker und die Minzeblätter in einen Tumbler. Mithilfe eines Stößels zerstoßen und das Glas dann mit Eis füllen. Geben Sie den Triple Sec und den Prosecco in das Glas und fügen Sie dann das Sodawasser und den Angosturabitter hinzu. Vorsichtig mischen und mit einem Zweig Minze dekoriert servieren.

ZUBEREITUNG: 2 MIN.

FRENCH
Spritz

FÜR 1 GLAS

½ Orangenscheibe
6 cl Cognac V.S.O.P.
12 cl Ginger Ale (z. B. Canada Dry)

Geben Sie die Orangenscheibe in ein mit Eis gefülltes Weinglas oder ein Old Fashioned und fügen Sie den Cognac und das Ginger Ale hinzu.

LADY FROZEN
Spritz

FÜR 1 GLAS

3 cl St. Germain Holunderblütenlikör
6 cl Roséwein
12 cl Prosecco
4 Erdbeeren
½ Scheibe Pink Grapefruit
3 Erdbeeren zur Dekoration

Geben Sie den Holunderblütenlikör, den Roséwein, den Prosecco und die Erdbeeren in einen Mixer. Fügen Sie Crashed Ice hinzu, bis Sie eine körnige Struktur erhalten. Geben Sie den Drink in ein Glas und dekorieren Sie ihn mit einem Erdbeerspieß und einer halben Scheibe Pink Grapefruit.

ZUBEREITUNG: 2 MIN.

ESTATE
Spritz

FÜR 1 GLAS

---

2 Zweige Estragon
½ Zitronenscheibe
6 cl weißer Wermut
12 cl Prosecco
3 cl Sodawasser (z. B. Perrier®)

Geben Sie den Estragon und die Zitronenscheibe in ein mit Eis gefülltes Weinglas. Fügen Sie dann den Wermut, den Prosecco und das Sodawasser hinzu.

ZUBEREITUNG: 2 MIN.

SPRITACCHIO

FÜR 1 GLAS

4 Himbeeren
1 cl Pistaziensirup
6 cl roter Wermut
12 cl Prosecco
3 cl Sodawasser (z. B. Perrier®)
3 Himbeeren zur Dekoration

Geben Sie die leicht zerdrückten Himbeeren in ein mit
Eis gefülltes Weinglas und fügen Sie den Pistaziensirup und den Wermut hinzu. Geben Sie dann den Prosecco und das Sodawasser hinzu und dekorieren Sie
mit einem Himbeerspieß.

ZUBEREITUNG: 2 MIN.

KRÄUTER
Spritz

FÜR 1 GLAS

Einige Limettenzesten
12 cl Prosecco
6 cl Chartreuse Verte V.E.P.
3 cl Sodawasser (z. B. Perrier®)
1 Basilikumblatt

Geben Sie die Limettenzesten in ein mit Eis gefülltes Weinglas. Fügen Sie dann den Prosecco und den Chartreuse hinzu, anschließend das Sodawasser. Zerdrücken Sie das Basilikumblatt zwischen Ihren Händen, geben Sie es ebenfalls in das Glas und mischen Sie vorsichtig.

ZUBEREITUNG: 2 MIN.

SUZIE Spritz

FÜR 1 GLAS

Einige Limettenzesten
10 cl Prosecco
2 cl Pfirsichsirup
6 cl Suze Original
3 cl Sodawasser (z. B. Perrier®)
1 Zweig Rosmarin

Geben Sie die Limettenzesten in ein mit Eis gefülltes Weinglas. Fügen Sie den Prosecco, den Pfirsichsirup und den Suze hinzu. Geben Sie anschließend das Sodawasser und den Rosmarin hinzu und mischen Sie vorsichtig.

BUNNY Spritz

FÜR 1 GLAS

6 cl Karottensaft
6 cl Aperol
6 cl Orangenlimonade (z. B. Orangina)
1 Karottenstreifen zur Dekoration

Geben Sie den Karottensaft und den Aperol in einen mit Eis gefüllten Tumbler. Fügen Sie die Limonade hinzu und mischen Sie vorsichtig. Dekorieren Sie den Drink mit einem Streifen Karotte.

CUCUMBY Spritz

FÜR 1 GLAS

4 cl frischer Gurkensaft
3 cl Limoncello
10 cl Prosecco
3 cl Ginger Beer
1 Gurkenscheibe zur Dekoration
1 frischer Ingwerstreifen zur Dekoration

Geben Sie den Gurkensaft, den Limoncello, den Prosecco und das Ginger Beer in ein mit Eis gefülltes Weinglas. Mischen Sie vorsichtig und dekorieren Sie den Drink mit der Gurkenscheibe und dem frischen Ingwer.

LAVENDEL
Spritz

FÜR 1 GLAS

---

2 cl Lavendelwasser
6 cl Aperol
10 cl Prosecco
3 cl Bitter Lemon
1 Zweig Lavendel zur Dekoration
½ Zitronenscheibe zur Dekoration

Geben Sie das Lavendelwasser, den Aperol, den Prosecco und das Bitter Lemon in ein mit Eis gefülltes Weinglas. Vorsichtig mischen und mit Lavendel und Zitrone dekorieren.

STROMBOLI

FÜR 1 GLAS

1 cl Grenadinesirup
3 cl Grappa
5 cl italienischer Weißwein

Geben Sie den Grenadinesirup in einen mit Eis gefüllten Shaker. Fügen Sie den Grappa und den Weißwein hinzu. Schütteln Sie etwa 2 Sekunden und sieben Sie den Drink dann in ein Martiniglas.

AMERICANO

FÜR 1 GLAS

½ Zitronenscheibe
½ Orangenscheibe
3 cl Carpano Classico
7 cl Campari
3 cl Sodawasser (z. B. Perrier®)

Geben Sie die Obstscheiben in einen mit Eis gefüllten Tumbler. Fügen Sie den Carpano und den Campari hinzu, mischen Sie vorsichtig und füllen Sie dann mit dem Sodawasser auf.

ZUBEREITUNG: 2 MIN.

TAMPICO

FÜR 1 GLAS

2 cl frischer Zitronensaft
3 cl Triple Sec (z. B. Cointreau®)
4 cl Campari
Tonic Water (z. B. Schweppes®)

Geben Sie den Zitronensaft, den Triple Sec und den Campari
in einen mit Eis gefüllten Tumbler. Mischen Sie vorsichtig
und füllen Sie mit Tonic Water auf.

GARIBALDI

FÜR 1 GLAS

6 cl Orangensaft
4 cl Campari

Geben Sie den Campari und den Orangensaft in einen mit Eis gefüllten Tumbler und mischen Sie den Drink vorsichtig mithilfe eines Barlöffels.

ZUBEREITUNG: 2 MIN.

NEGRONI

FÜR 1 GLAS

½ Zitronenscheibe
½ Orangenscheibe
4 cl Campari
4 cl Gin

Geben Sie die Obstscheiben in einen mit Eis gefüllten Tumbler. Fügen Sie den Campari und den Gin hinzu und mischen Sie vorsichtig.

TIZIANO

FÜR 1 GLAS

---

4 cl roter Traubensaft (z. B. Alain Milliat)
12 cl Prosecco

Geben Sie den Prosecco und den Traubensaft in ein
mit Eis gefülltes Weinglas und mischen Sie vorsichtig.

AMARETTO
Sour

FÜR 1 GLAS

1 cl Zuckersirup
2 cl Zitronensaft
1 Eiweiß
4 cl Amaretto
1 Cocktail- oder Branntweinkirsche zur Dekoration

Geben Sie den Zuckersirup, den Zitronensaft, das Eiweiß und den Amaretto in einen Shaker. Schütteln Sie kräftig und sieben Sie den Drink dann in ein Cocktailglas. Mit einer Kirsche dekoriert servieren.

SAN
Italia

FÜR 1 GLAS

½ Orangenscheibe
12 cl Sanbittèr
6 cl Grapefruitsaft
3 cl Sodawasser (z. B. Perrier®)

Geben Sie die Orangenscheibe in ein mit Eis gefülltes Weinglas. Fügen Sie den Sanbittèr, den Grapefruitsaft und das Sodawasser hinzu und mischen Sie vorsichtig.

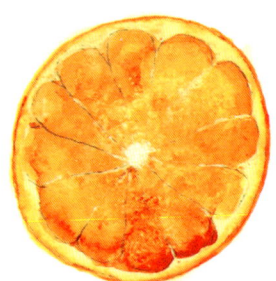

DETOX
Italienisch

FÜR 1 GLAS
---

10 cl Ananassaft
100 g Wassermelone
1 Rispe Kirschtomaten

Geben Sie den Ananassaft und die in Würfel geschnittene Wassermelone zusammen mit den
Tomaten in einen Mixer. Etwa 10 Sekunden mixen,
dann in ein mit Eis gefülltes Glas Ihrer Wahl geben.
Mit einem Stück Melone und einer Kirschtomate
dekoriert servieren.

DOLCE Mokka

FÜR 1 GLAS

1 cl Spekulatiussirup
1 Espresso
5 cl Milch
1 EL Mascarpone
3 cl Schokoladensauce
1 gestr. TL Kakaopulver zur Dekoration

Geben Sie den Sirup, den Espresso, die Milch, den Mascarpone und die Schokoladensauce in einen mit Eis gefüllten Shaker. Schütteln Sie kräftig und geben Sie den Drink dann in einen Tumbler. Mit etwas Kakaopulver bestäubt servieren.

DANKSAGUNG

Die Autorinnen Sandrine und Régis danken der Brasserie d'Auteuil für den herzlichen Empfang sowie dem Team des Hotels Paris Bastille Boutet der Kollektion mgallery www.accorhotels.com für die Bereitstellung des Wellnessbereichs. Und natürlich der unermüdlichen Fabrice Besse für die Fotografie der Cocktails.

HEEL Verlag GmbH
Gut Pottscheidt
53639 Königswinter
Tel.: 02223 9230-0
Fax: 02223 9230-13
E-Mail: info@heel-verlag.de
www.heel-verlag.de

© der deutschen Ausgabe: 2016 HEEL Verlag GmbH

Originalausgabe: © 2016 Larousse

Originaltitel: *Spritz. 25 Recettes de Spritz & autres cocktails italiens*
Original-ISBN 978-2-03-592662-3

Autorin: Sandrine Houdré-Grégoire und Régis Celabe
Fotografie: Fabrice Besse
Herausgeberin: Isabelle Jeuge-Maynart und Ghislaine Stora
Chefredaktion: Agnès Busière
Redaktion: Alice Dauphine
Gestaltung und Cover: Aurore Elie
Satz: Bertrand Loquet
Herstellung: Donia Faiz

Deutsche Ausgabe:
Satz: HEEL Verlag GmbH
Übersetzung und Projektleitung: Ulrike Reihn-Hamburger

Printed in Spain

ISBN 978-3-95843-485-1